Das Haus der Hitze

Das Haus der Hitze
Die Hitze der Herzen
Das Spiel der Liebe
Ich will es haben

Der Stein in der Glut
Die Kräuter im Rauch
Das Leben im Sein
Ich will es haben

Das Gefühl der Verbundenheit
Die Liebe zur Seele
Das Sehen im Herzen
Ich will es leben

Ich bringe das Licht

Ich bringe das Licht im Schatten der Weisheit
Ich verstehe den Schmerz meiner Selbst

Ich begleite im Wissen durch die Geburt
Ich verstehe den Schmerz meiner Selbst

Der Kanal ist offen, der Weg ist frei
Ich verstehe den Schmerz meiner Selbst

Der Körper ergibt sich dem Licht der Ferne
Ich verstehe meinen Weg im Selbst

Das helle Licht

Das helle Licht streift den Flügel
Die Reise beginnt
Das Fenster des Wissens ist geborsten
Die Augen öffnen sich

Begegnungen am Tor in die Ewigkeit
Ich werde begleitet vom Herzen
Die Seele erfüllt von Liebe
Die Augen öffnen sich

Das Leben in der Erinnerung
Die Liebe im Herzen der Menschen
Meine Arbeit ist erfüllt mit Farben
Die Augen öffnen sich

Der Traum

Der Traum in der Begleitung und Liebe
Die Bilder jagen sich so schnell
Das Ohr öffnet seine Pforten
Ich gehe im Wissen durchs Bardo

Ich höre meine Tochter sprechen
Vertraute Stimme, vertraute Macht
Ich horche und verstehe vom Herzen
Ich gehe im Wissen durchs Bardo

Das Licht und die Stimme vereinen
Gefühle der Sehnsucht und Liebe
Möchte noch vieles sagen und lächle
Ich gehe im Wissen durchs Bardo

Meine Worte verfliegen im Schein der Seele
Meine Gespenster sind alle weg
Ich stehe in der Freude der Leichtigkeit im Sein
Ich habe das Bardo geschafft

Die Sehnsucht

Die Sehnsucht nach Nähe
Ich spüre die Haut
Der Wind streichelt die Seele
Ich vergehe im Schmerz des Wissens

Die Wärme im Kreis des Herzens
Die Bilder weichen nicht
Der Wind erzählt Geschichten
Ich vergehe im Schmerz des Wissens

Die Sinne im rasen der Gefühle
Die Düfte der Liebe betäuben meine Sinne
Der Wind flüstert die Worte
Ich vergehe im Schmerz des Wissens

Der Schauer durch den Körper
Die Erlösung im Druck des Ziehens
Der Wind durchströmt die Glieder
Ich vergehe im Warten der Nähe zu Dir

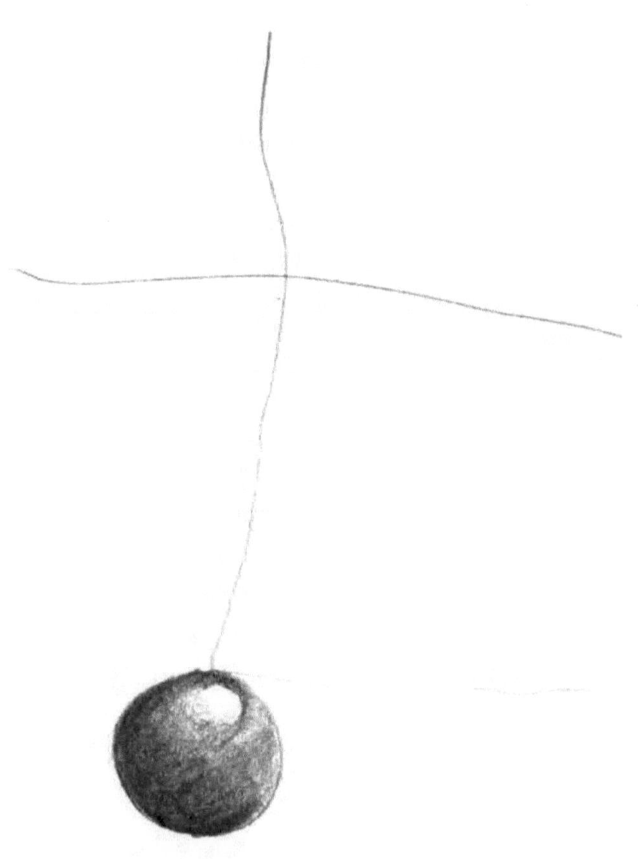

Die tiefe Berührung

Die tiefe Berührung im Herzen
Die Welle der Gefühle
Am Abgrund des Wissens
Ich warte

Das Fallen der Blätter
Die Melancholie im Sein
Der Abgrund wird tiefer
Ich warte

Viele Wolken im Kopf
Die Augen erblinden
Der Körper will erleben
Ich warte

Ein Wind der Liebe
Umgarnend meiner Seele
Das Licht erhellt die Tiefe
Ich gehe

Kreislauf

Das Leben in seiner Fülle
Erlebt und ausgelebt
Das Ego sucht nach Neuem
Die Grenzen sind gemacht

Der Tod in seiner Wärme
Den Körper verlassen im Glück
Die Seele findet das Neue
Der Sinn ist vollbracht

Das Erkennen des Wissens
Gesucht und gefunden
Der Ruf zur eigenen Demut
Ich bin auf dem Weg

Weihnacht

Wer weiht wen in dieser Nacht
Unter der Brücke ist es kalt und nass
Die Familien feiern im warmen Zimmer
Das Herz pocht im Takt

Viel Armut und Angst erfüllt die Welt
Die Reichen ergießen die Sinnlosigkeit
Die Geschäfte drehen die Zahlen
Das Herz pocht im Takt

Das Licht der Kerzen berührt die Augen
Unter dem Baum stapeln sich Gaben
Die Lieder erklingen zaghaft im Raum
Das Herz pocht im Takt

Die Kinder erkennen das Licht der Herzen
Die Wärme umfließt die Menschen
Der Sinn des Festes erhellt die Gesichter
Das Herz öffnet die Tore

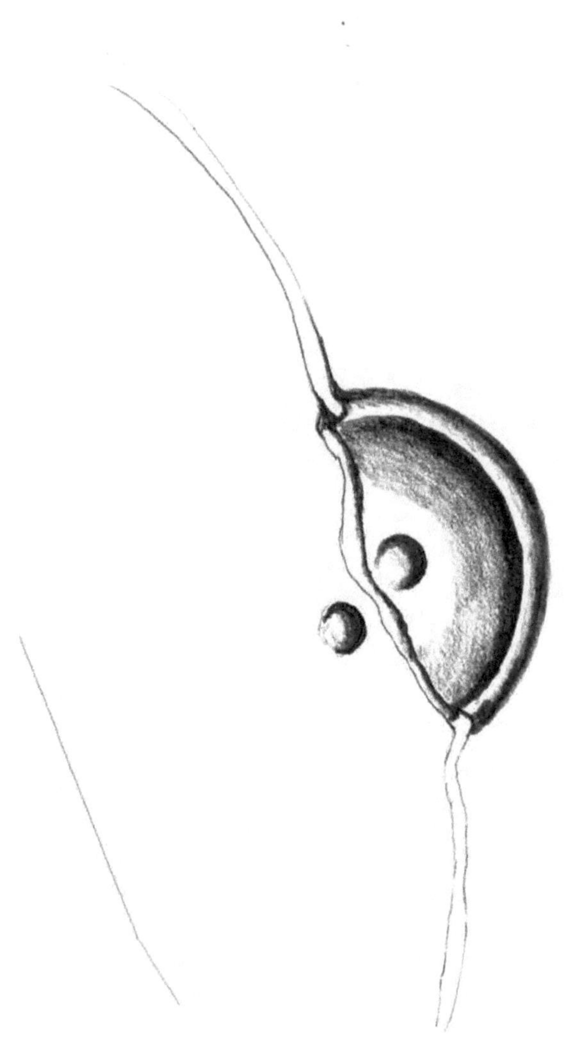

Die letzte Wegstrecke im Licht der Demut
Das Ende des Karmarades
Für Larkima

Den Weg der Gemeinsamkeit durchlebt
Befreit in den Gedanken der Last
Das Wissen in der Begleitung der Seele
Wir befreien uns

Die letzten Meter im Herzen der Wahrheit
Geführt und begleitet im Chakra der Liebe
Die Begegnung zwischen unseren Energien
Wir befreien uns

Seelenlicht und Freiheit im Selbst
Die Hand in Ergebenheit geformt und gehalten
Das Letzte und Erste zu erfahren im Sein
Wir verschmelzen uns

Berührung

Die Berührung ist tief und verbunden
Das Licht meines Herzens in mir
Die Seele erhellt das Sein im Jetzt
Ich gehe meinen Weg der Stille

Das Geschenk der Wissenden in ihrer Arbeit
Die Verbindung erstrahlt im Licht der Reinheit
Der Weg im Kanal der Liebe weitet sich
Ich liebe den Weg der Stille

Weg

Der Weg zu mir mit mir
Das Wachstum meines Meisters
Ich bitte darum

Das Wissen im Erkennen des Lichts
Das Verstehen der Rhythmen
Ich bitte darum

Die letzten Meter vor der Transformation
Das Kleinste verstehen und leben
Ich lebe diesen Weg

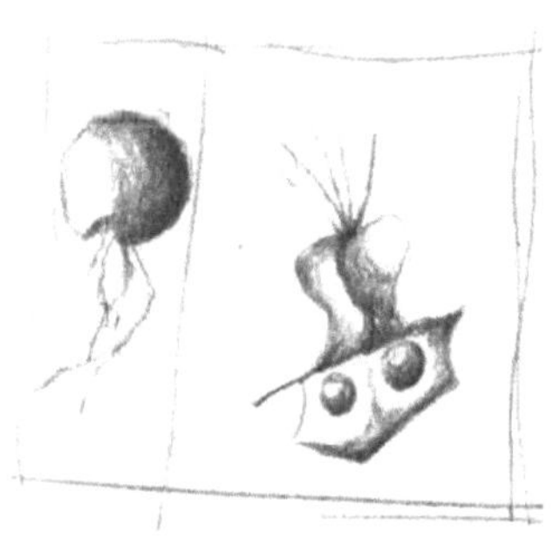

Aufstieg

Der Alltag mit seinen Aufgaben
Ich richte meine Struktur
Der Weg beginnt

Das Hadern und Zweifeln zerfrisst meine Stärke
Ich versuche mich zu finden
Der Weg beginnt

Die Suche das ganze Jahr im Kleinen
Ich stolpere täglich in meinem Trott
Der Weg beginnt

Der Kanal ins Licht meiner Selbst
Das richten meiner Energie in das Wissen
Der Aufstieg beginnt

Sein

15

Die Entwicklung im Erkennen
Der Mensch versucht zu binden
Das Wissen in der Kraft der Kundalini
Das Sehen verändert

Die Weisheit der Energie
Im Verstehen der Kundalini
Der Geist versinkt in der Leere
Die Seele verbindet das Sein

Ich bin die Seele im Sein
Ich verbinde das Leere
Ich befreie mein Ich
Ich weiß um das Sein

Orakel

Lass das Orakel sprechen
Das Herz eröffnet den Sinn
Die Weisheit des Lebens verborgen
Das Licht wird es erhellen

Lass das Orakel sprechen
Das neue Jahr verbindet
Der Schmuck der Seele leuchtet
Das Verborgene liebt die Öffnung

Lass das Orakel sprechen
Ich bewege mich im Sein
Der Schritt ins Erleben der Sinne
Mein Weg berührt die Herzen

Wunsch

Der kleine Stern am Himmel der Liebe
Der Wunsch ist erfüllt
Das Leuchten der Augen im Herzen der Eltern
Der Wunsch ist erfüllt

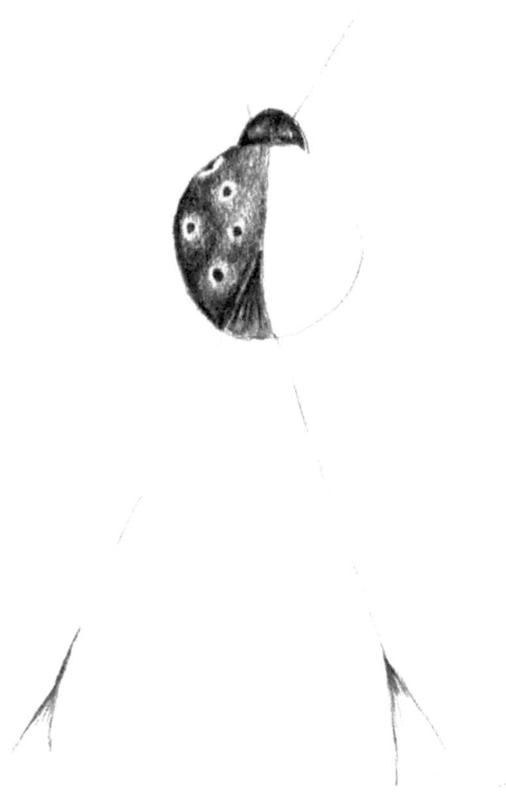

Weg

Der Lidschlag des Lebens in seiner Fülle
Der Hauch des Erkennens im Schatten
Die Erlösung im Wissen der Transformation

Die Träne der Unschuld und der Liebe
Der Fluss der Schuld und der Angst
Die Erlösung im Wissen der Transformation

Das Licht am Horizont des Lebens
Die Fülle der Bilder in Schönheit und Anmut
Die Erlösung im Wissen der Transformation

Der Weg ist kurz und so unendlich in der Güte
Die Sehnsucht nach Nähe und die Liebe zu mir
Ich weiß um die Transformation

Herz

Der Flügel des Engels umschließt meine Seele
Der Hauch des Lebens verschwindet im Nichts
Das Herz der Liebe öffnet meine Augen
Ich habe mir vergeben und sehe das Licht

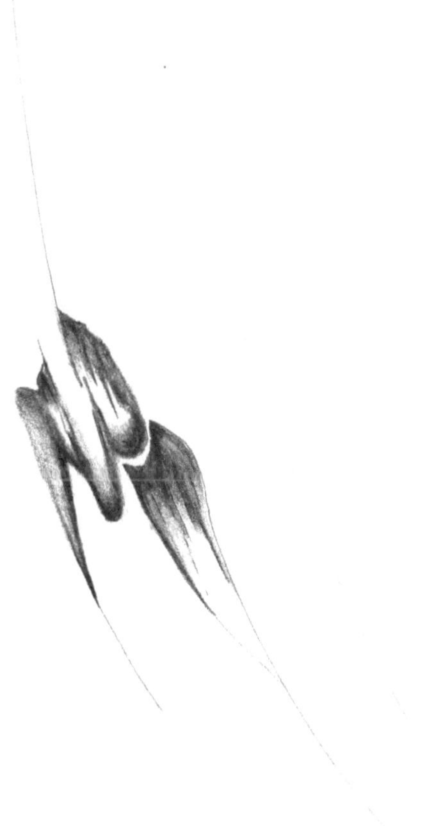

Finden

Wenn das Licht die Seele berührt
Wenn der Schein der Wärme sich verbindet
Dann kann der Körper sich wandeln

Wenn die Dunkelheit sich im Nichts auflöst
Wenn das Schwere zur Leichtigkeit wird
Dann ist es meine Zeit mich zu wandeln

Wenn der Körper sich im Sein erlöst
Wenn der Geist sich durch den Nebel befreit
Dann begebe ich mich auf den Weg zu mir

Zeit

Die Rose für die Zeit
Das Rot der Liebe
Die Verbundenheit im Herzen
Danke mein Stern

Die Rose in Gedanken
Das Grün der Verantwortung
Die Verbundenheit im Herzen
Danke mein Stern

Ich reise mit der Rose
Ich verbinde mich mit dir
Die Verbundenheit der Liebe
Ich danke dir mein Stern

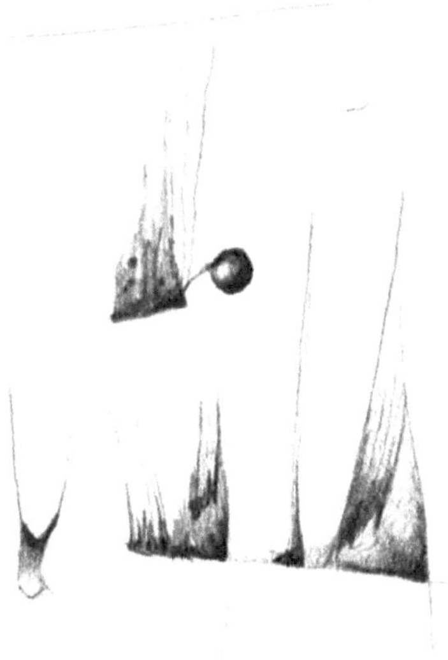

Verstehen

Die Reinigung des Hologramms
Der Weg zum Wissen
Das Bewusstsein wartet schon lange
Ich erreiche das Göttliche

Ich bewege mich in meinem Sein
Der Abgrund der Verhaftung macht Angst
Die Spiritualität bestimmt nun mein Leben
Ich erreiche das Göttliche

Verbunden

Der Mond in seiner Stille
Die Sehnsucht verbindet mich
Der Mond den Du auch siehst
Ich sehne mich nach Dir

Der Mond in seiner Färbung
Das Herz bewegt sich schnell
Der Mond bringt die Nachricht
Ich sehne mich nach Dir

Der Mond in seiner Weiblichkeit
Die Lust der Verbindung
Der Mond ist gelassen
Ich verbinde mich mit Dir

Zug

Der Zug zurück
Die Gefühle steigen
Erwartung und Ernüchterung
Lange ist die Fahrt

Der Zug zurück
Das Herz vibriert
Erfüllung der Gedanken
Der monotone Klang

Der Zug zurück
Die Liebe naht
Des Beben der Lust
Die Landschaft erhellt

Der Zug zurück
Ich bin bei mir
Die Seele leuchtet
Den Flug im Bauch

Der Zug zurück

Gemeinsamkeit

25

Der Anfang und das Ende
Das Leben und der Tod
Dazwischen Liebe und Arbeit
Immer im Wissen der Macht

Der Anfang und das Ende
Die Sprünge und der Fall
Dazwischen lernen und lehren
Immer im Wissen des Seins

Der Anfang und das Ende
Die Erlösung und die Ohnmacht
Dazwischen das Verstehen und die Transformation
Immer im Wissen der Gemeinsamkeit

Räume

Diese Leere dieser Raum
Diese Weite, ich ertrag sie kaum

Jeder Schritt dem Leben näher
Die Ferne, ich ertrag sie kaum

Die Düfte der Zedern im Land
Das Wissen, ich ertrag sie kaum

Der Rhythmus der Trommel im Herzen
Die Vibration, ich ertrag sie kaum

Schritt um Schritt ins Verbinden
Diese Kraft, ich ertrag sie kaum

Das Grab nach der Reise
Die Erlösung, das ist der Traum

Wind

Das Lied im Wind der Weisheit
Ein schüchternes Lachen
Der Wind vermählt mit der Sonne
Das Wissen erstrahlt

Das Lied im Wind der Weisheit
Das Herz springt freudig
Der Wind singt sein Lied
Dem Wissenden das Licht

Das Lied im Wind der Weisheit
Der Sprung ins Universum gelingt
Der Wind rauscht mit der Einheit
Die Erfüllung erbebt im Körper

Das Lied im Wind der Weisheit
Das singen verhallt im Nichts
Der Wind fliegt mit der Seele
Die neue Geburt beginnt

Verbindung

Wenn die Ferne zur Nähe wird
Die Krone im Einklang bebt
Der Abschied zur Begegnung sich erfüllt
Dann ist das Wissen auf dem Weg.

Wenn die Sehnsucht sich bäumt
Die Liebe im Herz bewegt
Der Klang des Liedes sich dehnt
Dann ist das Wissen auf dem Weg.

Wenn die Verbindung zur Gewissheit wird
Die Angst zur Freude sich erhöht
Der Albtraum zur Gewissheit sich erschöpft
Dann ist das Wissen auf dem Weg.

Lass den Genuss des Duftes sich erfüllen
Die roten Fäden erleben
Lass das Herz sich dehnen
Der Körper weiß die Geschichte.

Das Lied des Lebens

Das Summen der Liebe
Die Wellen bewegen
Die Worte erklingen
Im Wissen des Seins

Das Summen der Liebe
Meine Ohren öffnen sich
Ich eröffne mein Herz
Der Klang berührt

Das Summen der Liebe
Die Wärme erfüllt den Körper
Die Ängste verhallen
Ich mache mich frei

Das Summen der Liebe
Die Begleitung zum Sein
Ich löse alle Fesseln
Ich fliege ins Licht

Gelebt

Der Mantel des Lebens
Zerknittert und gestaucht
Viele Nähte sind gerissen
Er gibt warm.

Der Mantel des Lebens
Sonne und Kälte
Viele Knöpfe wurden ersetzt
Er gibt warm.

Der Mantel des Lebens
Das Leder glänzt im Licht
Erinnerungen und Freuden
Er gibt warm.

Der Mantel des Lebens
Die last wird gross
Ich lasse Ihn langsam fallen
Die Zeit ist da.

Letzte Gedanken

Letzte Gedanken, letzte Blicke
Ich liege da im Wissen der Freiheit
Ich höre die Liebsten, es wärmt mein Herz
Die Nacht wird länger, der Geist ist wach.

Letzte Gedanken, letzte Blicke
Der Körper kämpft, er wird leicht
Die Wärme der Worte, Sie berühren mein Herz
Die Nacht wird länger, der Geist ist wach

Letzte Gedanken, letzte Blicke
Ich bereite mich vor, die Tür ist offen
Die Hände meiner Töchter, Sie weisen den Weg
Die Nacht wird länger, der Geist ist wach

Letzte Gedanken, letzte Blicke
Ich mache meine Schritte, das Licht ist hell
Die Sehnsucht nach mir, die Seele erkennt
Die Nacht ist kurz, mein Geist ist erwacht

Gedanken der Liebe

Ich spreche mit Dir
Weiß nicht ob Du mich hörst
Ich spreche mit Dir
Mit dem Herzen der Liebe

Ich spreche mit Dir
Du entgleitest mir immer mehr
Ich spreche mit Dir
Ich fühle mich alleine

Ich spreche mit Dir
Dein Lächeln hilft
Ich spreche mit Dir
Ich weiß, Du hörst

Ich spreche immer mit Dir
Die Liebe ist unendlich
Ich spreche immer mit Dir
Die Verbindung ist da

Schatten

35

Die Schatten lösen sich im Licht der Kette
Die Seele leuchten das Universum aus
Der leise Wind des Wissens umstreicht den Körper
Das Innere erwacht im Zyklus der Weisheit.

Die Schatten lösen sich im Licht der Kette
Die Begleiter erstrahlen im Lied
Die Töne schwingen durchs Zentrum
Das Fliegen in der Gewissheit.

Die Schatten lösen sich im Licht der Kette
Das Staunen im Erwachen der Sinne
Die Augen werden zum Licht im Raum
Die Befreiung zum Fest der Ewigkeit.

Die Schatten befreien sich im Licht der Kette

Licht

Das helle Licht streift den Flügel
Die Reise beginnt
Das Fenster des Wissens ist geborsten
Die Augen öffnen sich

Begegnungen am Tor in die Ewigkeit
Ich werde begleitet vom Herzen
Die Seele erfüllt von Liebe
Die Augen öffnen sich

Das Leben in der Erinnerung
Die Liebe im Herzen der Menschen
Meine Arbeit ist erfüllt mit Farben
Die Augen öffnen sich

Liebe

Die Sehnsucht nach Nähe
Ich spüre die Haut
Der Wind streichelt die Seele
Ich vergehe im Schmerz des Wissens

Die Wärme im Kreis des Herzens
Die Bilder weichen nicht
Der Wind erzählt Geschichten
Ich vergehe im Schmerz des Wissens

Die Sinne im rasen der Gefühle
Die Düfte der Liebe betäuben meine Sinne
Der Wind flüstert die Worte
Ich vergehe im Schmerz des Wissens

Der Schauer durch den Körper
Die Erlösung im Druck des Ziehens
Der Wind durchströmt die Glieder
Ich vergehe im Warten der Nähe zu Dir

Weisheit

Ich bringe das Licht im Schatten der Weisheit
Ich verstehe den Schmerz meiner Selbst

Ich begleite im Wissen durch die Geburt
Ich verstehe den Schmerz meiner Selbst

Der Kanal ist offen, der Weg ist frei
Ich verstehe den Schmerz meiner Selbst

Der Körper ergibt sich dem Licht der Ferne
Ich verstehe meinen Weg im Selbst

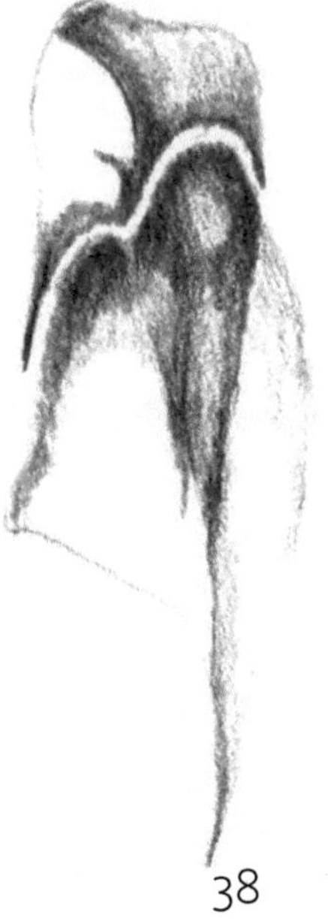

Lösung

Wenn die Depression sanft in dich eindringt
Das Licht sich im Dunkel verbirgt
Das Herz verschlingt seine Energie
Ich lebe das Weiße im Dunkel

Erhellen und die Farben einbringen im Herzen
Das Licht schaut scheu aus dem Loch in dir
Die Gedanken kreisen im Sein zu Dir
Ich finde die Lösung

Der Sinn der Sinnlosigkeit ist das Sinnvolle im Leben,
Lass uns sinnig in der Sinnlosigkeit den Sinn finden.

Der Flug

Der Flügel spreizt sich über dem Kanal
Der Hauch des Wissens zieht in seinen Bann
Der Flug der Sehnsucht und des Findens
Ich bin bereit

Der Sog der Liebe verbindet die Seele
Das Warten im Sein ist beendet
Die Leere der Fülle bewegt mein Herz
Ich bin da

Ferne

Die Sehnsucht der Ferne
Das Erfahren der Nähe
Ich dehne mich aus

Das Bild der Liebe im Herzen
Die Vereinigung in der Seele
Ich dehne mich aus

Das Warten und Staunen
Die Energie fließ im Kanal
Die Liebe zu Dir ist unermesslich

Seele

Die Weite der Sehnsucht
Getragen im Wissen des Herzens
Der Staub im Haar des Erfahrens
Ich suche den Weg

Das All in seiner Weite
Der Planet des Manas sucht
Das Alte im Hrit vergilbt
Ich suche Den Weg

Seelenwanderung im Erkennen
Verschmelzung der Energien im Sein
Das Neue beginnt im Leben
Ich bin auf dem Weg

Berührung

Die tiefe Berührung im Herzen
Die Welle der Gefühle
Am Abgrund des Wissens
Ich warte

Das Fallen der Blätter
Die Melancholie im Sein
Der Abgrund wird tiefer
Ich warte

Viele Wolken im Kopf
Die Augen erblinden
Der Körper will erleben
Ich warte

Ein Wind der Liebe
Umgarnend meiner Seele
Das Licht erhellt die Tiefe
Ich gehe

Leben

Das Leben in seiner Fülle
Erlebt und ausgelebt
Das Ego sucht nach Neuem
Die Grenzen sind gemacht

Der Tod in seiner Wärme
Den Körper verlassen im Glück
Die Seele findet das Neue
Der Sinn ist vollbracht

Das Erkennen des Wissens
Gesucht und gefunden
Der Ruf zur eigenen Demut
Ich bin auf dem Weg

Nacht

Wenn die Nacht deine Sinne umhüllen
Wenn der Nebel die Poren schließt
Wenn das Denken sich vergisst
Dann ist der Moment der Begierde

Wenn die Haut sich dehnt im Taumel
Wenn die Augen sich drehen im Rausch
Wenn die Schenkel den Tropfen freigeben
Dann ist der Moment der Begierde

Wenn alles verschwimmt und fließt
Wenn der Körper sich wälzt und erstarrt
Wenn die Erlösung im Hauch der Stimme
Dann ist es der Moment der Liebe

Traum

Der Traum der Nähe
Ich bin da
Der Wunsch nach Nähe
Ich sehne mich danach

Das Leben im Fluss der Sinne
Ich bin da
Der Weg zur Ferne
Ich sehne mich danach

Die Sonne brennt das Tattoo
Ich bin da
Die Lösung der Auflösung
Ich sehne mich danach

Das Glimmern in den Augen
Ich bin da
Die Stirn brennt in die Tiefe
Ich sehne mich danach

Leben und Weg verbinden sich
Ich bin da
Die Steine des Wissens sinken ein
Ich sehne mich danach

Warten und lernen
Ich bin bereit
Umsetzen und erleben
Ich arbeite daran

Geburts-Tag

Der Geburts-Tag ist die Erinnerung an den ersten
Schock im Leben
Der Geburts-Tag ist die erste Ablösung zu sich selbst
Der Geburts-Tag ist der Moment des Erkennens des
Lebens im Sein
Der Geburts-Tag ist die Liebe für sich im Wissen des
Lebens
Lass den Geburts-Tag zum Lebens-Tag gedeihen

Berührung

Die Berührung über die Haut in der Vereinigung des
Lichts
Der Druck im Innen zum Flug im Außen
Der Kanal glänzt in seiner Weisheit und Klarheit
Die Verbindung zur Seele in ihren Farben und dem
großen Wissen
Wir sind Eins

Licht

Das Herz in der Blüte des Seins
Das Licht im Herzen des Wissens
Das Herz im Schatten des Vergangenen
Das Licht im Bewusstsein des Lebens
Ich lebe das Licht im Sein

Nähe

Der Duft der Haut im Regen der Sehnsucht
Die Feuchtigkeit in der Fantasie
Das Bild des Ergebens und der Lust
Ich sehne mich danach

Der Blick des Wissens im Regen der Trauer
Die Haare sich sträuben im Taumel der Reise
Der Wunsch der Erlösung zerreißt die Sinne
Ich sehne mich danach

Ferne und Nähe im Einklang des Fühlens
Der Schrei nach Umarmung in der Kraft
Das leise Erschauern im Gedanken des Innigen
Ich sehne mich danach

Streit

Der Streit im Wissen
Das Wissen im Streit
Was kann ich tun

Der Streit im Unwissen
Das Unwissen im Streit
Was geschieht

Das Wissen der Verbindung
Die Verbindung im Wissen
Ich kenne den Weg

Der Friede im Leben
Die Liebe im Sein
Ich will das erfahren

Nacht

Die einsame Nacht
Das Dunkel verschlingt
Die Ruhelosigkeit
Ich falle

Die Schwere der Last
Der Schlaf will nicht
Das Suchen im Sein
Ich falle

Die Gedanken drehen
Das Wissen vermischt
Die Unklarheit drückt
Ich falle

Die Augen suchen das Helle der Weisheit
Die Ohren den Klang des Nichts
Die Ohnmacht der Stille im Raum
Ich falle

Die Zeit verfließt im Strudel
Das Dunkel findet die Lösung
Das Leben beginnt zu gebären
Ich erwache

Gedanken

Gedanken in der Leere
Gefühle erfüllt vom Vakuum
Das Leben zerrt

Gedanken in der Fülle
Gefühle platzen vor Sehnsucht
Das Leben zerrt

Gedanken im Tropfen des Universums
Gefühle in der Sehnsucht des Ewigen
Das Leben verzerrt

Kern

Das Größte im Leben ist das Kleinste im Wirken
Das Kleinste im Leben ist das Größe im Sein
Ich suche noch immer nach dem Kern

Das Schönste im Leben ist das Hässlichste im Auge
Das Hässlichste im Leben ist das Schönste im Sehen
Ich suche noch immer nach dem Blick

Das Yang im Leben ist das Yin im Wissen
Das Yin im Leben ist das Yang im Umsetzten
Ich verstehe langsam den Sinn

Tod

Die Reinheit des Feuers
Die Wärme der Flammen
Der Abschied vom Hier
Ich kanns nicht fassen

Die Reinheit des Feuers
Gedanken die kreisen
Die Tränen sich lösen
Ich kanns nicht fassen

Die Reinheit des Feuers
Mein Holz geht mit
Mein Herz begleitet
Ich kann loslassen

Erkennen

Der Moment der Nähe
Die Stimme im rollen der Tränen
Ich fließe

Das Wissen der Energie der Menschen
Der Einklang im Ton mit allen Freunden
Ich fließe

Das Erleben mit dir im Einklang
Das Reisen im Klang des Lebens
Ich fließe zu mir

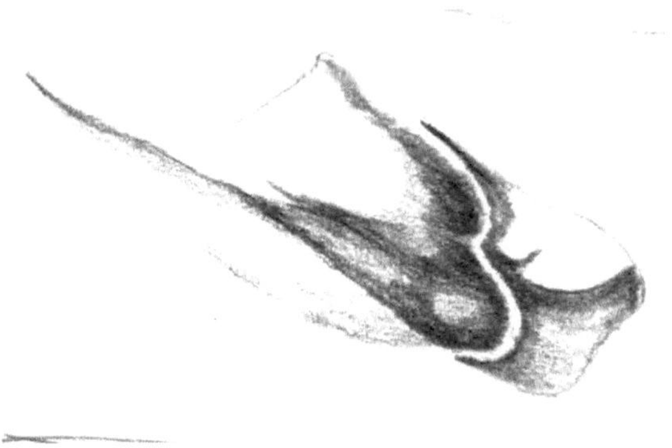

Wissen

Das sanfte Licht auf der Haut des Erkennens
Das Streicheln des Windes in seiner Demut
Der Blick ist gesättigt und im Kanal
Ich reise

Das leise Öffnen der Sanftmut in mir
Die Gedanken verstummen im Samadhi
Der Durst der Liebe erklingt im Sein der Wärme
Ich reise

Leere im Verstehen der Gesetze in Wehmut
Fülle im Erleben der Sinne in der Stille
Das Erahnen der Höhen und Tiefen als Mensch
Ich reise

Sanfte Töne, sanfte Berührung im Duft der Tiefe
Fließen im Wasser der Ewigkeit im Licht
Verbunden und vereint in der Macht der Liebe
Ich bin

Auflösung

59

Wenn das Weiche das Harte umschließt
Wenn das Weiche in die Härte kommt
Dann ist der Kanal in seiner Reinheit

Sinn

Die sinnige Losigkeit
Die lose Sinnigkeit
Ich versuche zu verstehen

Der Sinn in der Losung
Die Losung im Sinn
Ich versuche zu verstehen

Die Losung in der Lösung
Der Sinn in der Sinnlichkeit
Ich liebe

Hauch

Ein Hauch der Gefühle im Wind der Feder
Der Flug zu mir im Sturz der Sinne
Die Welle des Seins im suchen des Lebens
Die Sonne ist nahe

Verzweiflung im Hauch des Streichelns
Der Körper vergisst das Holografische
Sinken in die Erfüllung der Sinnhaftigkeit
Der Mond ist nahe

Vergessen und verdrängen des Chaos
Im Wirbel der Begegnung mit dir
Verzweifelte Sehnsucht umstreicht das Innere
Ich bin dir nahe

Körperlich

Der warme Wind umstreicht das Herz
Der Kopf ist frei von Gedanken
Im Liegen der Gefühle verbindet die Liebe
Der Körper verlangt nach Nähe

Sonne und Mond im Wechsel der Emotionen
Das Helle vereint sich im Dunkel der Nacht
Rauschen und erliegen, Spannung und Licht
Der Körper verlangt nach Nähe

Zitternde Erleichterung im Geben und Nehmen
Verschmelzen und fließen der Energie
Die Gnade des Seins in seiner Leere
Der Körper wird frei

Liebe

Die Lippen zittern in der Nähe der Lust
Erregung und Freude im Schmerz der Düfte
Unwirkliches Erfahren der Farben und Gefühle
Die Explosion im Innern beginnt

Zerrissen in den Säften der Liebe
Das Suchen im Geist des Verstehens
Taumeln und torkeln der Gedanken im Kopf
Die Explosion im Innern beginnt

Schweiß und Hitze umgarnt die Körper
Nähe und Ferne im Sein des Ergebens
Schwindel der Angst vor dem Erwachen
Die Explosion gebiert sich selbst

Lust

Die Haut in der Berührung der Sehnsucht
Jedes Haar flimmert im Sein
Das Salz verschmilzt in der Ekstase
Die Gefühle zerbrechen in der Lust
Die Öffnung weitet sich

Das sanfte Bewegen der Hände
Der duftende Saft quillt leicht
Die Augen geschlossen im Licht
Das Erzittern der Energie zur Seele
Die Öffnung schließt mit Druck

Meer

Die Langsamkeit der Zeit zerfließt
Rückblicke und Sehnsüchte erwachen
Die Gefühle sind gemischt und gebrechlich
Ich gehe zurück

Sonnenaufgänge und Wellenrauschen
Das Herz erzitterte im glühen der Sonne
Fremdes und doch so Bekanntes
Ich gehe zurück

Tropische Nächte in der Sehnsucht der Erlösung
Die Fantasie gebiert das Mögliche
Die Sinne gebären die Trägheit
Ich gehe zu mir

Lust

Wenn die Nacht deine Sinne umhüllen
Wenn der Nebel die Poren schließt
Wenn das Denken sich vergisst
Dann ist der Moment der Begierde

Wenn die Haut sich dehnt im Taumel
Wenn die Augen sich drehen im Rausch
Wenn die Schenkel den Tropfen freigeben
Dann ist der Moment der Begierde

Wenn alles verschwimmt und fließt
Wenn der Körper sich wälzt und erstarrt
Wenn die Erlösung im Hauch der Stimme
Dann ist es der Moment der Liebe

Alter

Das Licht des Alters erleuchtet den Weg
Das Neue befreit und macht Angst
Ich mache meine Schritte

Die Ungewissheit und die Erfahrung streiten
Meine Meisterin schlichtet im Wissen
Ich mache meine Schritte

Die Erfüllung im Herzen meines Seins
Der Weg in meine Freiheit liegt vor mir
Ich weiß um meine Schritte

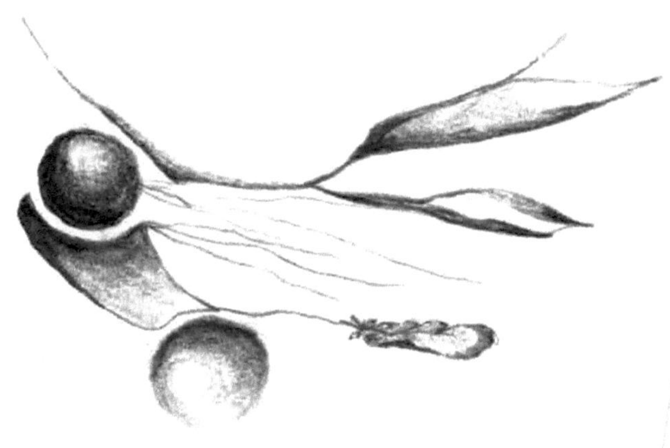

Tränen

Die Versöhnung
Es fließt

Das Erkennen
Es fließt

Die Wahrnehmung
Es fließt

Die Gefühle
Es fließt

Die Trauer
Es fließt

Ich komme zu mir
Es befreit

Güte

Der Geist der Vergangenheit glimmt
Das Wissen der Gegenwart bewegt
Die Klarheit des Herzens erhellt
Ich lasse mein Licht in Güte mich erhellen

Suche

Der Alltag mit seinen Aufgaben
Ich richte meine Struktur
Der Weg beginnt

Das Hadern und Zweifeln zerfrisst meine Stärke
Ich versuche mich zu finden
Der Weg beginnt

Die Suche das ganze Jahr im Kleinen
Ich stolpere täglich in meinem Trott
Der Weg beginnt

Der Kanal ins Licht meiner Selbst
Das richten meiner Energie in das Wissen
Der Aufstieg beginnt

Kundalini

Die Entwicklung im Erkennen
Der Mensch versucht zu binden
Das Wissen in der Kraft der Kundalini
Das Sehen verändert

Die Weisheit der Energie
Im Verstehen der Kundalini
Der Geist versinkt in der Leere
Die Seele verbindet das Sein

Ich bin die Seele im Sein
Ich verbinde das Leere
Ich befreie mein Ich
Ich weiß um das Sein

Das Lied des Lebens

Das Summen der Liebe
Die Wellen bewegen
Die Worte erklingen
Im Wissen des Seins

Das Summen der Liebe
Meine Ohren öffnen sich
Ich eröffne mein Herz
Der Klang berührt

Das Summen der Liebe
Die Wärme erfüllt den Körper
Die Ängste verhallen
Ich mache mich frei

Das Summen der Liebe
Die Begleitung zum Sein
Ich löse alle Fesseln
Ich fliege ins Licht

Majma

Als Kater mit der Seele als Meister
Verbunden im Auftrag des Seins
Zusammen mit der Schülerin
Gelebt und gelehrt

Als Kater die Wissende begleitet
Verbunden im Faden der Weisheit
Zusammen mit der Weisen
Gelebt und gelehrt

Als Kater im Wissen gegangen
Verbunden mit dem Kreis des Wissens
Zusammen vieles vollbracht
Gestorben und geehrt

Leben

Die Vergänglich der Zukunft in der Erinnerung des
Augenblicks
Das Leben als Meister im Wissen der Begleitung
Die erfüllte Aufgabe in der Nacht der Vergangenheit
Ich liebte das Leben

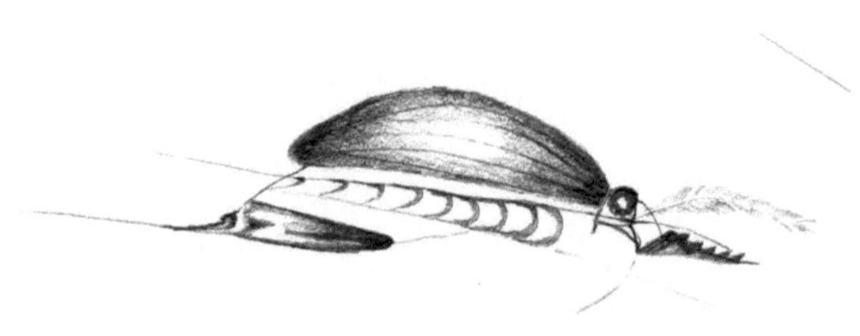

Türstopper

Das Tor zur Welt offen lassen
Die Menschen können eintreten
Die Öffnung gebiert das Gespräch
Die Stille eröffnet das Sein

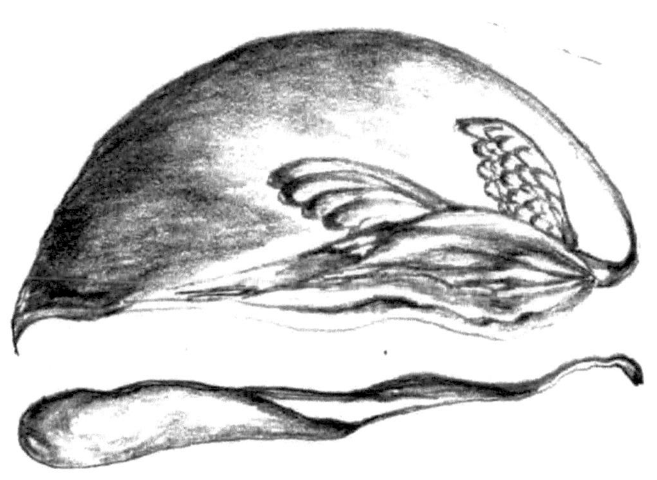

Wort-Spiel

Die Weisheit der Leere liegt in der Leere der
Weisheit, lernen wir die Leere der Weisheit leeren
damit nur Leere bleibt

Danksagung

Ein großes Dankeschön an Monica und
Marietta.

Die ungeduldigen und nicht abkömmlichen
Zeiten meinerseits waren nicht immer einfach.
Die Ruhe wenn ich in der Unruhe war, die vielen
Gespräche und Klärungen, das Kopfschütteln
und Streiten, alles war zum richtigen Zeitpunkt
und immer sehr wertvoll.

Viele reiche und anspornende Worte, viele
Bilder und Gefühle sind nun in Worte gefasst,
zerzaust und verschlungen.

Ich liebe die Momente der Auseinandersetzungen,
die Momente der tiefsten Berührung und der Stille
mit euch Beiden.

Danke

© 2024 Daniel Frey
Verlag: BoD • Books on Demand GmbH, In
de Tarpen 42, 22848 Norderstedt
Druck: Libri Plureos GmbH, Friedensallee
273, 22763 Hamburg
ISBN: 978-3-7597-6724-0